I0422286

Al mio cuore

A CACCIA DI CAINO

PIERRE D'ESSANY

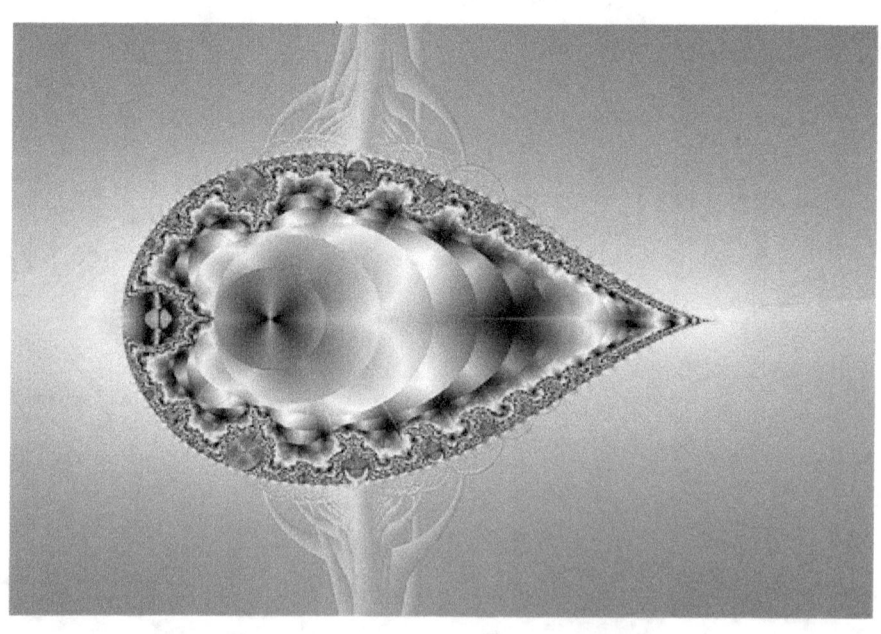

Introduzione

La civiltà occidentale ha moltiplicato le figure immaginarie con l'avvento delle tecnologie, sempre più sofisticate e capaci di riprodurre in pochi istanti immagini, suoni, suggestioni. Quello che fino a qualche decennio fa era un terreno di ricerca individuale, oggi viene condiviso in tanti, e la contemporaneità di analisi, valutazioni, emozioni finisce inevitabilmente per influire sulla capacità critica del singolo individuo.

I solchi profondi scavati dalla scienza hanno determinato nella coscienza di noi occidentali la credenza che l'immaginazione fosse antagonista della realtà.

La scienza in questo è stata la miglior alleata delle religioni. Se la mente è costretta nei confini di uno sterile razionalismo, il cuore reagisce inevitabilmente con enfasi mistiche e proiezioni dogmatiche. Il dogma, la fede, il fanatismo, l'idealismo non sono altro che risposte naturali a un ingombrante ma rassicurante quotidiano.

Ci si rifugia nel cuore per non perdere il colore della vita, ma la mente e il cuore in realtà avevano probabilmente altro compito nel concepimento originario del grande costruttore.

Oggi la nostra vita è diventata un deserto, prigioniera della più grande manipolazione forse operata dall'ingegno umano.

Un tempo i dittatori domavano le masse con la forza o con elargizioni. Ma questo non bastava per arginare l'evoluzione del pensiero, per reprimere le passioni, per sospingere il moto della storia verso sempre diverse esperienze e consapevolezze.

Con l'utilizzo indiscriminato della tecnologia, invece, la storia del genere umano si è bloccata e ci avviamo verso sempre più immani catastrofi interiori ed esteriori, salvo non intervenga con urgenza qualcosa che squarci il velo del livello subumano in cui sono stati sospinti la mente e il cuore.

Finché continueremo a cercare fuori di noi, in un Dio, in un extraterrestre, in un guru o in un salvatore delle masse la nostra salvezza, si allontanerà sempre di più la possibilità di imboccare il sentiero a cui siamo destinati e ci prestiamo alla inevitabile manipolazione di menti raffinate. L'orologio cosmico ha già scoccato l'ora di una nuova alba, ma il genere umano continua a persistere all'ombra del proprio condizionamento.

È di questi giorni la notizia della scoperta di possibili spirali gravitazionali che attraversano l'universo conosciuto. Un concetto coltivato dalla fantascienza si affaccia sui banchi indottrinati della scienza, e viene proposto come evoluzione della ricerca empirica. La notizia circola immediatamente nei social network e rimbalza nelle varie località del pianeta. Molti la condividono e qualcuno timidamente la commenta, ma pochi ne colgono il senso profondo e la ricaduta straordinaria che la possibile presenza di onde gravitazionali, concepite a spirali, ha sul nostro concetto di spazio e tempo.

E se fosse vero che l'intero sistema solare, che è in movimento, come l'universo conosciuto, sta attraversando, con un moto di rotazione proprio, un'area del nostro frammento di galassia penetrata da particolari flussi energetici, tali da rivoluzionare i modelli noti e da incidere profondamente sulla nostra coscienza? Ma qui entriamo nel campo minato dell'intuito esoterico, privo di quell'affidabilità che vuole il nostro manicheismo conoscitivo e raziocinante.

In questo libro chi scrive si sottrae alla dialettica che vede contrapposti i banchi della scienza, dell'arte, della spiritualità. Piuttosto si vuole puntare ad altro, a dimostrare, da una parte, che molte teorie che albergano nei diversi campi del parascientifico sono il riflesso condizionato di qualcosa che è dentro la nostra civiltà. D'altra parte, vi è ancora la necessità, per chi ne ha la forza e la passione, di isolare frammenti di verità che discendono da antichi insegnamenti e proporli in una luce sempre più moderna e attuale.

E' l'unico modo per proteggerli e custodirli.

L'ipotesi di civiltà aliene

È una notte estiva, siamo in riva al mare, in un buio completo, senza nessuna interferenza luminosa artificiale, sfiorati solo dalla brezza del vento caldo.

Osserviamo il riflesso del cielo stellato nel breve rintuzzarsi delle onde, un lampo di colore arancione traluce nelle acque.

Fulmineo dirigiamo lo sguardo in alto, un oggetto triangolare saetta silenzioso e rapido. Il suo movimento è armonico, come un grande uccello che compie una danza nel cielo. Ci guardiamo negli occhi, restiamo in silenzio come inondati da una pioggia energetica. Sappiamo di aver incrociato l'ignoto! La ragione cerca di razionalizzare l'evento, di condurlo nell'alveo di una spiegazione terrestre.

La scienza ci racconta che al momento siamo soli, che non è esclusa la possibilità di altra vita nell'universo, che forse su Marte ci sono tracce di acqua, e che al momento non abbiamo nessuna prova dell'esistenza di altri pianeti ove possano essersi riprodotte con certezza le condizioni adatte all'esistenza. Miliardi di stelle, inesplorate galassie, innumerevoli sistemi solari e pianeti: che senso avrebbe?

La risposta sulla vita oltre la Terra non può che essere positiva, se non altro ricorrendo a un semplice calcolo statistico, proprio della scienza!

Ci fanno credere che confondiamo oggetti volanti non identificati con satelliti o palloni aerostatici, che radar tecnologicamente avanzati non percepiscono nessun suono rilevante dal cosmo, e che gli X file sono una invenzione cinematografica o tutt'al più una serie di avvenimenti su cui ancora non ci sono spiegazioni compiute.

La Casa Bianca è stata inondata di richieste di informazioni sul fenomeno, su quanto successo nell'Area 51, su Roswell, su presunti contatti di ex capi di Stato con entità aliene, finanche confermati da parenti prossimi delle personalità in questione, ma mai, dico mai, una smentita ufficiale, una conferenza stampa per negare le circostanze.

È evidente che dietro questo approccio c'è la consapevolezza del gregge, di politiche di informazione tese a deviare le masse, di strategie occulte, militari e finanziarie, per piegare il pianeta alla volontà di pochi eletti.

Non si tratta di adesioni acritiche a teorie complottiste, è semplicemente un'evidenza, resa possibile dalla tecnologia e dalla manipolazione dei mezzi di informazione, anche quelli che presumiamo liberi, come i social network.

Ma sarebbe troppo frettoloso osservare il fenomeno ritenendo che la manipolazione su larga scala mondiale e la decisione verticistica di avvenimenti che toccano la vita di miliardi di persone, di guerre decise a tavolino, di nazioni che falliscono, o di epidemie che poi è necessario debellare con miracolosi vaccini siano il prodotto di intelligenze superiori dotate di potere economico, politico o massonico.

La realtà è meno oscura, più semplice e non priva di palese drammaticità.

Tutto ciò è possibile solo perché la gran parte dell'umanità vive in una coscienza primitiva, apparentemente senza sbocchi, coinvolta in una ipnosi comportamentale dettata da uno stato di frammentarietà dell'io.

Ritornando, dunque, al tema degli extraterrestri, è assolutamente viziata di oscurantismo la presunzione ufologica di raccontare il livello evolutivo di questi esseri, fino a catalogarli in vere e proprie razze.

Le narrazioni dei contattisti possono essere anche il risultato di esperienze extrasensoriali, di cui non si disconosce l'essenza, ma proprio per questo prive di una portata sufficientemente credibile. E la credibilità non attiene alla cultura scientifica della prova, è cosa diversa.

Qualsiasi cosa succeda lassù, noi non lo sappiamo, e non possiamo respingere facilmente l'assunto per cui la gran parte di quelle intuizioni nasca semplicemente da quaggiù, quale proiezione di nostre paure o nostre aspirazioni.

Io sono convinto che tra non molto il velo che valica i confini misteriosi di realtà a noi ignote verrà dissolto dal fluire degli avvenimenti cosmici, e questo renderà, prima o poi, l'umanità pronta per incontri con altre civiltà più evolute.

Ma se alcuni frammenti di queste civiltà sono già in mezzo a noi, il che potrebbe essere probabile, è altrettanto certo che le informazioni a sostegno o contro le varie tesi sono assolutamente inattendibili, anzi, sono probabilmente utilizzate per altrettanti oscuri disegni.

Se qualcuno ci osserva, è molto plausibile lo faccia con un grande senso di compassione, nel rispetto della nostra evoluzione, con aiuti del tutto indiretti.

Al momento dobbiamo constatare che siamo capaci di addomesticare anche l'ignoto, secondo logiche più o meno perverse, figlie della frustrazione e della paura. Se un dio alieno esistesse davvero, e si manifestasse all'umanità, nascerebbe in poco tempo una nuova religione, e il messaggio illuminato sarebbe imprigionato in nuovi templi, moschee o chiese.

I tre chakra

La cultura New Age, propria degli anni Settanta, ha introdotto in Occidente diverse nozioni riguardanti l'aspetto e il significato dei chakra.

Nella letteratura tradizionale indiana e orientale, si fa ricorso, infatti, a diversi sistemi per descrivere i chakra. Questo ha prodotto come conseguenza l'impossibilità di avventurarsi nell'intricato studio dei centri vitali del corpo senza incorrere in possibili confusioni o inevitabili semplificazioni.

Il chakra è un'icona tesa a rafforzare il concetto della sussistenza di nodi vitali che interagiscono con i corpi sottili, quali segreti intermediari tra il visibile e l'invisibile. Ma se ci disancoriamo dai sette chakra propri delle antiche tradizioni orientaliste, e di cui positivamente fruiscono i cultori di scienze mediche alternative, come l'agopuntura, per riportare invece il nostro io nella sfera dei tre centri fondamentali, la mente, il cuore e il bacino, saremo anche capaci di individuare meglio i vari punti di osservazione della realtà e di intercettare il portale attraverso cui interpretare i fenomeni. Un'operazione di sintesi finisce per diventare uno strumento di lettura efficace e coerente.

Ai tre centri vitali attribuiremo il significato comune, noto a tutti, per cui la mente è la sede dell'elaborazione degli eventi, il cuore il luogo dei sentimenti e delle passioni, il bacino lo snodo dei desideri e degli istinti.

Il cerebrale, il sentimentale o passionale, l'istintivo sono note categorie umane iscritte nei manuali di psicologia, ma le accezioni sono entrate di forza nell'immaginario collettivo quale risultato di una logica evidenza.

Per comprendere il significato dei nodi vitali è necessario avere uno sguardo d'insieme della vita intesa come piano di esistenza a noi conosciuto. Non si intende qui ovviamente ripercorrere sentieri già battuti dalla scienza esoterica, poiché ritengo che più illuminati interpreti abbiano già regalato sapienti informazioni al riguardo. Il tentativo è di sigillare in pochi concetti il risultato di indagini antiche, di conoscenze che resistono al tempo.

Ermete Trismegisto è uno dei grandi maestri dell'umanità. La tavola di Smerldo costituisce l'essenza dei suoi insegnamenti. Entrare nel profondo delle intuizioni ermetiche è una rivelazione di come la conoscenza ha preceduto la scienza e quest'ultima ne costituisce un pallido riflesso.

Ciò che è in basso è come ciò che è in alto e ciò che è in alto è come ciò che è in basso per fare i miracoli della cosa una. E poiché tutte le cose sono e provengono da una, per la mediazione di una, così tutte le cose sono nate da questa cosa unica mediante adattamento. Il Sole è suo padre, la Luna è sua madre, il Vento l'ha portata nel suo grembo, la Terra è la sua nutrice. Il padre di tutto, il fine di tutto il mondo è qui. La sua forza o potenza è intera se essa è convertita in Terra. Separerai la Terra dal Fuoco, il sottile dallo spesso dolcemente e con grande industria. Sale dalla Terra al Cielo e nuovamente discende in Terra e riceve la forza delle cose superiori e inferiori. Con questo mezzo avrai la gloria di tutto il mondo e per mezzo di ciò l'oscurità fuggirà da te. È la forza forte di ogni forza: perché vincerà ogni cosa sottile e penetrerà ogni cosa solida. Così è stato creato il mondo. Da ciò saranno e deriveranno meravigliosi adattamenti, il cui metodo è qui. È perciò che sono stato chiamato Ermete Trismegisto, avendo le tre parti della filosofia di tutto il mondo.

Tutto ciò che è diviso, dunque, ha una sola fonte. Tutto ciò che ci appare, lo possiamo moltiplicare su infinite scale, adattandolo ai vari piani d'esistenza. Non c'è niente in noi o fuori di noi che non si riproduca sui diversi livelli di rappresentazione della realtà.

Quest'intuito ci consente di viaggiare tra i segreti dell'universo con leggerezza e stupore, senza dover ricorrere ai risultati di grigi esperimenti sulla velocità della luce!

Se si adattano, infatti, questi principi ai tre centri fondamentali del nostro io, non è difficile riproporre questa tricotomia su una moltitudine di livelli.

Il nostro pianeta è necessariamente dotato anch'esso di tre centri vitali fondamentali invisibili all'occhio umano. Il Nord, individuato dall'Artico alle nazioni sottostanti, corrisponde alla testa, il Sud, Antartico e nazioni sovrastanti, al bacino, le nazioni di mezzo, invece, al cuore.

Non sfuggirà il dato incontrovertibile che i paesi nordici tendono ad esaltare doti di programmazione, ordine, produzione, analisi logica degli avvenimenti e, che, prevalentemente, gli abitanti di questi luoghi hanno caratteristiche di distacco e self-control che attengono ai centri della mente. I latini, al contrario, sono mossi prevalentemente dalle passioni del cuore, le popolazioni tribali dagli istinti del bacino.

Ma la stessa suddivisione del pianeta nei due emisferi, Occidente e Oriente, altro non è che l'individuazione dei due lobi del cervello che rispettivamente governano la mente e il cuore.

Nel mio racconto *La vita deserta*, il protagonista, Giorgio, si imbatte durante un viaggio in Vietnam in un quaderno scritto a mano. L'autore, tale Walter, descrive un cammino iniziatico attraverso i vari luoghi del pianeta.

Si riporta fedelmente un frammento della narrazione che descrive in maniera suggestiva il concetto:

Cara Monica, questa lettera spero di consegnartela di persona, forse domani o al più presto possibile. Stanotte ho letto più della metà del quaderno che grazie a te ho potuto avere nella mia cella. Ho terminato la parte che riguarda il viaggio di Walter. La storia dei suoi viaggi è la rappresentazione esteriore di un percorso interiore.

Non mi aveva mai sfiorato l'idea che il nostro Pianeta potesse coincidere con la geometria del nostro corpo, individuato non solo come dimensione anatomica, ma come laboratorio alchemico, laddove l'essenza frammentaria e dualistica dell'esistenza trova la sua deriva nella separazione tra mente e cuore. Ho scoperto che nei suoi viaggi in Occidente Walter osserva la parte sinistra del cervello, quella delle rappresentazioni logiche, del raziocinio, della programmazione, dell'efficienza.

In Occidente il cervello esalta le virtù teoriche ed intellettuali, risolvendo apparentemente i conflitti nella pianificazione degli eventi attraverso un'analisi che proviene dall'esperienza. Qui Walter osserva il fenomeno della mente che mente e smaschera l'illusione del laicismo materialista.

In Oriente invece si incontra con la parte destra del cervello che risolve la paura attraverso le immagini degli dei e dei paradisi dell'aldilà.

Qui albergano la fantasia, le ispirazioni, le leggende, i poeti del dolore, e i popoli trovano una soluzione alla sofferenza nei miti transilluminati della reincarnazione e dell'occultismo mistico.

Il Sud invece è il culo del mondo, con il desolato Antartico che rappresenta la solitudine di un'esistenza vuota e senza confini. Nel Sud i popoli sperimentano istinti primitivi e vuoti sentimentalismi per deviare nelle passioni terrene pensieri riciclati dal passato. Qui la mente non ha mai interrogato se stessa, vittima di feroci e violente adorazioni.

Poi Walter giunge al Nord, da dove era già passato all'inizio del suo viaggio, e ritrova la diversità, osserva l'essenza, riconosce l'unità.

Qui Walter incontra Walter, la vittoria dell'altro, la fine di ogni umano desiderio, la rivelazione del mistero...

I tre chakra, dunque, rappresentano la sintesi di una dimensione cosmica che coinvolge anche il nostro pianeta e i suoi abitanti.

La separazione degli elementi, dovuta al mistero della caduta, ne ha determinato la frammentazione.

L'esperienza comune ci insegna che quanto più bilanciate sono le componenti vitali dell'organismo vivente, tanto più si vive in equilibrio. Un eccessivo sbilanciamento di alcuni fattori a detrimento degli altri produce malattie, disarmonia, e anhe squilibri psichici. Un'attenta osservazione ci consente di affermare che generalmente in ogni personalità prevalgono due dei tre nodi vitali, ovviamente attraverso un decrescente proporzionale che non esclude totalmente il terzo.

In una personalità votata soprattutto al soddisfacimento degli istinti, con forti pulsioni sessuali, amante del cibo e del godimento, ma contemporaneamente incline al sentimentalismo, alle passioni, prevalgono senz'altro il chakra del bacino e quello del cuore, a detrimento del chakra della mente. Soggetti dediti a professioni intellettuali agiranno soprattutto con il chakra della mente, alle cui potenzialità si uniranno il chakra del cuore o del bacino, secondo le proprie inclinazioni.

Questo poi determinerà una ricerca di compensazioni nelle relazioni umane. Non è raro vedere persone particolarmente sensibili, sentimentali, e parimenti accompagnate da una dose di forte istintualità unirsi a personalità dal forte accento cerebrale. Di qui si potrebbe sviluppare anche un trattato sulle relazioni di coppia in rapporto alle compatibilità.

Sempre a testimonianza di come un fenomeno possa adattarsi a vari livelli di rappresentazione della realtà, si pensi all'evoluzione dell'uomo e alla sua storia. Non sarà difficile scorgere nelle varie fasi dell'evoluzione umana il prevalere di taluni aspetti rispetto ad altri, a dimostrazione del fatto che anche l'io collettivo, individuato nelle varie fasi della storia, soggiace alle stesse leggi di questa natura.

I tre chakra dunque sono separati. Questa è la fotografia della realtà. Il conflitto tra i vari elementi produce squilibrio. Il conflitto è la causa di guerre interiori ed esteriori. Ecco perché gli antichi teosofi affermavano: «*non sarà mai possibile sconfiggere la guerra, se prima non risolviamo le guerre che portiamo sotto il nostro cappello!*».

Solo il viaggiatore dell'anima potrà ricondurre a unità i tre elementi, restituendogli la dignità originaria. Ecco perché uno e trino!

Queste considerazioni risulteranno essenziali quando poi affronteremo il tema della civiltà terrestre e delle razze che la compongono.

Le dimensioni sottili

La civiltà occidentale ha relegato il mondo invisibile ai cenacoli dell'occultismo o del dogma religioso. Ma mentre quest'ultimo è accettato come parte integrante del sistema (molti scienziati professano anche la loro fede religiosa), tutto ciò che trascende il mondo conosciuto ha disertato i banchi della conoscenza ufficiale per essere emarginato nei circuiti del mistero, della credulità popolare o anche del magicismo folkloristico.

Negare i mondi invisibili è altrettanto stupido che cercare la prova che non siamo soli nell'universo!

Ma forse su questo punto andrebbe fatta un po' di chiarezza. Le cose che non vediamo sono altrettanto reali di quelle che vediamo, e questo paradossalmente ce lo dice la scienza!

Se assistiamo a un programma tv, certamente non pretendiamo di affacciarci al balcone per visualizzare le immagini che via etere vengono catturate dall'antenna! Se mettiamo un dito in una presa di corrente elettrica, sappiamo bene quali possono essere le conseguenze, ma quell'energia che attraversa i fili è invisibile.

Le radiazioni elettromagnetiche, i raggi X, le onde radio, la ionosfera, i raggi cosmici sono solo piccoli esempi dell'invisibile, ma potremmo continuare con altre migliaia di esempi.

I cosmologi definiscono la materia oscura una componente che non è osservabile, in quanto, diversamente dalla materia conosciuta, non emette nessuna radiazioni elettromagnetica e si manifesta attraverso le onde gravitazionali. La scienza ipotizza che la materia oscura costituisca la grandissima parte, quasi il 90%, della massa presente nell'universo! Orbene, si comprenderà per conseguenza l'evidente ignoranza che attiene ai campi dell'invisibile.

Sarebbe, d'altronde, veramente paradossale immaginare un tale spreco di spazio! Le ovvie deduzioni logiche di un'analisi elementare come questa sono alla portata di tutti.

Non abbiamo gli strumenti sensoriali per percepire l'invisibile, e questo ci condanna apparentemente ad affidarci all'immaginazione o alle informazioni che provengono da maestri dell'occultismo più o meno raffinati. Ma non è proprio così!

Sarà il ragionamento logico, come vedremo, a darci quelle certezze che mancano all'evidenza scientifica.

La scienza, infatti, ricorre al paradosso.

La fisica atomica è, in quest'ottica, di un'evidenza palmare. Gli atomi non sono osservabili, ma la massa e la carica le ricaviamo a partire da altre evidenze sperimentali! Ma quali sono queste evidenze? Non è chiaro e potrete consultare tutti i manuali di fisica quantistica per scoprire che la misura di un atomo, non essendo sperimentabile, è da considerarsi un concetto prettamente probabilistico!

Quindi, nella riflessione scientifica, ci si affida alle probabilità, pur di negare la portata di una argomentazione logica.

L'astrofisico Nikolaj A. Kozyrev cercò, già negli anni Cinquanta, di dimostrare senza ombra di dubbio che una simile sorgente di energia deve esistere, e che la materia fisica è costituita da un etere di energia invisibile e cosciente, ma ovviamente la comunità scientifica russa non tardò a isolarlo.

Ma cos'è l'etere?

Il termine "Aether" è arcaico e nella lingua latina significa "splendore", e la realtà di tale invisibile energia che pervade l'universo conosciuto è da sempre alla base degli insegnamenti delle scuole misteriche di tutto il mondo.

L'anagramma di eter è rete = tessuto!

È il "Ki" dell'Oriente.

Già filosofi antichi come Platone e Pitagora ne riconoscevano l'essenza. Nelle tradizioni di un tempo, infatti, il mondo invisibile interagiva con la realtà manifesta in una complicità spontanea, e troppo sbrigativamente il modernismo scientista ha coniugato tale osservazione dei fenomeni con una mera superstizione.

Le scoperte più recenti sulla "massa oscura" hanno indotto la scienza recalcitrante a dover riconoscere che, invece, doveva esistere un medium energetico nascosto nell'Universo.

E allora si è parlato di "quantum medium". Ovviamente la parola "etere" non poteva essere utilizzata perché proibita.

Questi signori, provenienti da un assetto di potere precostituito nelle accademie scientifiche, e che quasi sempre ricevono grossi finanziamenti dalle industrie e dalla politica, sono in realtà i veri cartomanti di questo millennio!

D'altra parte, diciamoci la verità, se la scienza ufficiale riconoscesse come altamente probabile l'esistenza dell'etere inteso come materia esistente in una frequenza vibratoria diversa, e quindi costitutiva di mondi autonomi, in un solo istante sarebbero smantellate tutte le credenze popolari, le religioni, l'occultismo e la magia! Infatti, ammettere che nei regni invisibili esiste vita così come nell'universo formato da materia densa, significherebbe dare evidenza naturale a una serie di fenomeni su cui le religioni hanno costruito le loro fortune.

Se è vero, infatti, che ogni corpo materiale è circondato da etere, ne consegue che il concetto di morte così come da noi interpretato è assolutamente fallace, e che inevitabilmente, secondo la legge del come in basso così in alto, il nostro corpo, una volta consunto, continuerà a sopravvivere per un determinato tempo nella sfera eterica del pianeta, secondo una legge assolutamente naturale e scevra da accenti spirituali.

Si comprenderebbero così fenomeni quali apparizioni, fantasmi, sedute medianiche, e quant'altro ha a che fare con le sfere invisibili e a cui ingiustamente attribuiamo un significato magico. Si capirebbe che come si è ignoranti "di qua", lo si continua a essere anche "di là", e che ogni entità vivente segue un suo schema evolutivo autonomo e indipendente.

I mondi della materia visibile e invisibile seguono le stesse leggi di questo universo, sono figlie della stessa matrice, e perseguono lo stesso fine creativo che osserviamo in ogni aspetto della natura.

Sono entrambi espressione del limite di questa natura, soggetta a trasformazione, cambiamento, morte. Il nostro Universo è uno spazio finito che, nel suo movimento continuo, è alla ricerca dell'infinito, di quell'infinito di cui da secoli parlano poeti e scrittori, che sfugge alla nostra comprensione, e la cui esistenza va ricercata oltre i confini della nostra conoscenza, in quell'unità che resta il desiderio ultimo di ogni cercatore autentico.

Le razze terrestri

La qualificazione dei diversi gruppi umani in razze è considerata oggi politicamente scorretta oltre che scientificamente inesatta. Il grande disastro umano già provocato dal nazismo, l'apartheid in Sudafrica, la segregazione razziale negli Stati Uniti d'America, ha praticamente abrogato qualsiasi riferimento alle razze. Noi invece ricorreremo senza timidezze al concetto razziale, attribuendogli il suo significato proprio, e cioè la capacità di individuare all'interno della stessa specie gruppi di individui apparentati da un unico comune denominatore. Nella tassonomia classica la suddivisione delle specie umane veniva catalogata per caratteri genetici ed ereditari comuni, quindi soprattutto con riferimento alle caratteristiche fisiche. Il colore della pelle, le caratteristiche somatiche, la struttura corporea sono da sempre stati il referente antropologico nello studio delle diverse tipologie umane.

In realtà c'è un substrato più sottile che differenzia i gruppi umani e che prescinde totalmente dall'asse ereditario e genetico. E non mi riferisco all'astrologia. L'astrologia non fa altro che misurare la potenzialità di un individuo quale risultante del proprio passato. Il quadro natale è la rappresentazione del nostro inconscio, che a sua volta trova radici nella struttura genetica, che a sua volta ancora trova la fonte nel passato. Il passato dunque è la causa.

Io qui volevo parlare dell'effetto, di ciò che appare e fermarmi a ciò che appare.

Semir Osmanagich è un antropologo americano, fondatore del parco bosniaco, il sito più attivo del mondo per gli appassionati di archeologia.

È sua l'affermazione per cui:

...bisogna riconoscere che siamo testimoni di prove fondamentali dell'esistenza di antiche civiltà avanzate risalenti a oltre 29 mila anni fa. Se facciamo un attento esame delle loro strutture sociali, costringiamo il mondo a riconsiderare totalmente la sua comprensione sullo sviluppo della civiltà attuale e della sua storia. [...] I dati conclusivi del 2008 riguardanti il sito della Piramide Bosniaca, e confermati quest'anno da diversi laboratori indipendenti che hanno condotto il test al radiocarbonio, hanno rilevato che il sito risale a più o meno 29.400 anni fa, minimo.

Ovviamente questa scoperta è solo la punta dell'iceberg di diversi studi effettuati in materia e che concorrono univocamente a determinare la consapevolezza che Platone non era un visionario e che Atlantide non è una fantasia che alberga nella mente di qualche astratto costruttore di miti! La consapevolezza che la storia dell'umanità su questo pianeta è una grande menzogna scritta e raccontata, ci ripropone l'originario quesito posto in premessa: qualcuno esteriormente domina le nostre vite e ha interesse a tenerci nell'ignoranza? Potrebbe essere, invece, che una razza umana con requisiti ben precisi abbia prevalso su altre, determinando caratteristiche di gruppo tendenti all'automistificazione?

La tendenza a cercare un Dio esteriore, a seguire un'autorità religiosa, scientifica, politica, l'aspirazione a risolvere le proprie insicurezze attraverso la costruzione di complessi sistemi giudiziari, la tendenza a imprigionarsi in relazioni sentimentali in nome di un bistrattato senso dell'amore, la formazione di pensieri filosofici votati al metodo sistematico, il grande parco umano delle distrazioni, potremmo definirle tutte manifestazioni di una psiche collettiva che anela a rassicuranti sistemi di vita e non alla verità.

Un uomo che voglia capire cos'è la libertà deve rifiutare del tutto l'autorità, e ciò è straordinariamente difficile, ci vuole grande attenzione. Possiamo rifiutare l'autorità di un guru, di un prete, di un'idea, ma instauriamo un'autorità dentro di noi, e cioè: "penso che sia giusto, so quel che dico, è la mia esperienza".

Può la mente liberarsi dall'autorità e dalla tradizione che spingono ad accettare un altro come guida, o qualcuno che vi dica cosa fare?...

Obbediamo ed accettiamo l'autorità perché dentro di noi c'è insicurezza, confusione, solitudine, e il desiderio di trovare qualcosa di permanente, di durevole. Ma esiste qualcosa creato dal pensiero che sia permanente e durevole?

È questa tendenza dell'uomo, così mirabilmente descritta dal grande pensatore Jiddu Krishnamurti, a incoraggiare potenze occulte multidimensionali in progetti tesi a irretire l'umanità in diversi preconcetti e pregiudizi, figli di un oscurantismo primitivo.

Quindi, paradossalmente, è la civiltà umana a essere causa delle proprie prigioni. I carcerieri pertanto esistono perché sanno di poter contare su uomini disposti a farsi imprigionare. La grande mistificazione e l'ignoranza in cui l'umanità sopravvive hanno origini interiori e non esteriori.

Ma qual è questa razza oggi dominante?

Per poterlo capire, e scopriremo forse non trattarsi di una mera ipotesi letteraria, è necessario dapprima fare uno sforzo ermeneutico sulle diverse tipologie umane.

Io ho ritenuto di utilizzare l'immaginario ufologico per dimostrare che l'individuazione delle principali razze extraterrestri altro non è che la proiezione esteriore, cosmica, di razze terrestri presenti nello sviluppo delle varie ere planetarie.

Nell'ufologia classica i rettiliani, i grigi, i nordici, i pleiadiani, gli arturiani sono le principali razze di riferimento, e noi a queste, per sintesi, faremo riferimento.

Lo studio delle caratteristiche di queste razze mirabilmente ci condurrà a incredibili scoperte, e il presente ci apparirà in una diversa percezione dei fenomeni.

Ma prima di addentrarci nell'analisi compiuta delle diverse tipologie, e comprendere che queste diverse razze non hanno niente a che fare con alieni, è necessario fare un piccolo passo indietro, e fare giustizia di quell'antica civiltà di Atlantide con la quale ancora oggi stentiamo a confrontarci con coraggio e spirito di verità.

Il giardino degli Dei

La storia di Adamo ed Eva, del paradiso terrestre, di un'età in cui l'essere umano era androgino e viveva in armonia con la natura e con se stesso, ha stimolato per millenni l'interesse di religiosi, esoteristi, filosofi.

Tutti gli studiosi di toponimia antica sono concordi nel ricondurre il termine "Eden" all'antico greco "Eden", il cui significato è giardino delle delizie.

In tutte le storie, sia in Oriente che in Occidente, si trovano tracce di insegnamenti che ripropongono il ricordo di una terra perduta, di una umanità originaria che vibrava all'unisono con il cosmo. Le memorie di una grande civiltà evoluta, distrutta da grandi cataclismi, tornano a essere incredibilmente attuali.

Studiosi seri come Robert Bauval hanno dimostrato che la datazione degli avvenimenti così come concepita da ricercatori moderni è assolutamente priva di fondamento e i monumenti di Giza vanno retrodatati almeno di 10.000 anni. Non intendiamo qui riproporre ciò che è stato elaborato con argomentazioni coerenti e rigorose.

Si tratta di capire, piuttosto, quale fosse la dimensione reale in cui vivevano gli abitanti di Atlantide. Ricorreremo anche in questo caso alle conoscenze tramandate dagli antichi, ai riscontri in sede scientifica, alla logica e all'intuito, in uno sforzo di sintesi che non pretende di esaurire tutte le questioni ancora aperte, ma che soprattutto si concentri sulle tematiche essenziali che qui si intendono trattare.

La prima riflessione va fatta sul piano delle condizioni in cui si trovava il pianeta Terra in un tempo molto lontano.

Gli antichi insegnamenti ci raccontano che la diversa natura delle forze elettromagnetiche rendeva i corpi fisici più leggeri. L'essere umano era androgino, non aveva bisogno di riprodursi, l'attività dei chakra si muoveva sulla base della stessa forza centripeta che muove il cosmo, i corpi si sostanziavano di un etere sottile, oggi a noi invisibile, la natura esprimeva la sua forza feconda in una dimensione luminosa, e i quattro elementi che la compongono collaboravano all'unisono di magnificenza in magnificenza.

Più che camminare l'essere umano vibrava nell'aria. La leggenda dell'uomo libellula trae la sua origine da questa antichissima conoscenza.

Poi intervenne una prima caduta.

Un gruppo di entità decise di sfruttare i poteri dell'io e di inoltrarsi in un percorso conoscitivo autonomo.

In questa fase il corpo fisico divenne più denso, avvenne la separazione tra i sessi e la separazione tra i due emisferi del cervello, il movimento cominciò a essere più pesante e l'uomo toccò la superficie materiale della Terra per spostarsi. Ma era ancora sufficientemente leggero da muoversi a salti. Il centro vitale e il potere di conoscenza restavano delegati a pochi.

In questa fase nacquero la Scienza, l'Arte e la Religione che non erano però strumenti separati di una dialettica degli opposti, bensì erano unite in un unico grande insegnamento capace di alimentare i centri vitali della mente e del cuore. I due santuari trovavano il loro equilibrio nella ghiandola dell'ipofisi.

Il lobo anteriore e quello posteriore dell'ipofisi interagivano perfettamente con la ghiandola pineale. La parte femminile della creatività e quella maschile dell'elaborazione interagivano in una sintesi che permetteva alle emozioni di sostenere il processo di comprensione dei fenomeni.

Questa prima fase è quella che ci viene raccontata come età dell'oro o giardino degli Dei.

Intervenne però una seconda caduta. L'uomo abusò dei suoi poteri e provocò delle esplosioni che lo sospinsero in una dimensione vibratoria inferiore. Fu così che nacque l'uomo primitivo della scienza moderna, il lucifero, il portatore di luce caduto nella dialettica dei conflitti e della dualità, costretto a fare una dolorosa esperienza nel mondo animale.

Questa cronologia degli avvenimenti in qualche modo trova un riscontro nelle intuizioni scientifiche che si sottraggono ai banchi decadenti e indottrinati delle accademie ufficiali.

Se tralasciamo la dimensione eterea di una presunta umanità originaria vissuta in un universo parallelo al nostro, la cui teoria è indimostrabile allo stato degli strumenti di conoscenza a nostra disposizione, non può dirsi lo stesso per la successiva età dell'oro, le cui tracce invece sono ben presenti nelle più recenti scoperte.

Il mito di "un'aurea stirpe di uomini mortali" dai quali discesero gli Dei luminosi che vivevano sull'Olimpo, e di un tempo in cui regnavano pace e libertà dalla fatica, fino al furto del fuoco a opera di Prometeo, che segnò la definitiva caduta, è presente nella memoria leggendaria di poeti e scrittori dell'antichità, tra cui Esiodo e Virgilio.

L'esperienza dell'uomo contemporaneo, legata più all'utilizzo della parte sinistra del cervello, non ci consente di comprendere che gli autori di queste storie antiche in realtà trovavano ispirazione in uno speciale intuito che non è meno vero delle equazioni matematiche!

In ogni caso oggi la paleoantropologia, scienza che studia l'origine della specie umana attraverso l'incrocio di dati di diverse discipline scientifiche, ci aiuta a comprendere meglio attraverso la comparazione tra conoscenza antica e scienza moderna. Essa è arrivata alle seguenti conclusioni: il termine "paradiso" deriva dal greco "paradeisos", e dall'ebraico "pardes", e significa esattamente "giardino degli alberi di frutta", frutteto. In quell'epoca l'uomo si nutriva solo di frutta.

Questa età felice si sviluppò in un ecosistema a frutteto, sull'attuale Rift Valley, ciò che la Bibbia chiama la Valle dell'Eden, dove la scienza moderna ha scoperto le prime tracce della specie umana.

A causa della prima glaciazione l'uomo si allontanò dalle proprie terre di origine, e fu costretto a nutrirsi anche di altri frutti.

Su questo la Bibbia è estremamente chiara: «*mangerai da ogni albero del giardino e da ogni erba che produce seme*».

L'idea di un'epoca felice, priva di malattie, di guerre, della schiavitù dal lavoro, dove mente e cuore procedevano all'unisono, non è più solo patrimonio di bellissime leggende o di stravaganze filosofiche, ma è una consapevolezza di cui si sta appropriando parte di quel mondo scientifico moderno, basato anche sulla biofisica molecolare, che si colloca in una visione di insieme e priva di pregiudizi. D'altronde, se esiste una verità, questa non può che essere una e, di conseguenza, qualunque sia il mezzo utilizzato per cercarla, le conclusioni non potranno che essere identiche.

La razza dominante

Le leggende ci narrano che dopo la seconda caduta degli Dei, e i cataclismi che ne seguirono, alcuni gruppi di umani si dispersero in varie zone del pianeta.

Secondo alcune indagini effettuati sul gene umano, si riscontra una mappatura che segue uno stesso itinerario in diverse popolazioni collocate in differenti angoli del pianeta. Tale incrocio genetico è possibile riscontrarlo negli abitanti del Perù, della Colombia e del Messico, in alcuni gruppi dell'Indocina, nelle popolazioni tibetane, e in alcuni ceppi di abitanti del Congo.

Non sfuggirà che si tratta di popolazioni che hanno anche una struttura fisica non dissimile nei tratti essenziali.

Non può però certo dirsi che uomini con queste caratteristiche abbiano dominato gli ultimi 6000 anni di storia!

Evidentemente è intervenuto qualcos'altro che ha modificato la struttura genetica originaria consentendo alla nuova razza di assumere il controllo politico e finanziario del pianeta.

Ma da chi è composta questa razza?

Gli ebrei non sono una popolazione relegata in un angolo di Palestina e che va sotto il nome di

Israele. Molti confondono il Sionismo con l'Ebraismo.

Tutti i popoli occidentali e gran parte di quelli orientali sono discendenti della razza ebraica.

L'Ebraismo non è una cultura, né un popolo, ma una razza! L'affermazione, ovviamente, è priva di qualsiasi ancoraggio a quel triste e nefasto epilogo del nazismo. Si tratta semplicemente di identificare il passaggio tra i discendenti di Atlantide e la nuova razza emergente da cui proviene la stragrande maggioranza dei popoli occidentali e non.

Ma da dove proviene la razza ebraica?

L'antica leggenda dei Nefilim ci viene in soccorso per darci una possibile ed esaustiva spiegazione. La radice etimologica di Nefilim è "cadere", tant'è che si racconta che i Nefilim fossero giganti scesi dal cielo, angeli caduti!

Nella Genesi si legge:

Quando gli uomini cominciarono a moltiplicarsi sulla terra e nacquero loro delle figlie, i figli di Dio videro che le figlie degli uomini erano belle e ne presero per mogli a loro scelta... C'erano sulla terra i giganti a quei tempi...

Chi erano i figli di Dio?

Senza volerci inoltrare nello studio interpretativo dei testi sacri, potremmo ritenere che quei figli di Dio, e dunque i Nefilim, fossero entità provenienti da piani di esistenza diversi? E potrebbe essere stato questo incrocio genetico l'origine di una nuova razza umana?

Di questo non avremo mai prove, ma il ragionamento logico ci indurrebbe a pensare che qualcosa è accaduto, un incidente genetico che ha prodotto una nuova razza che negli ultimi 6000 anni è stata padrona del pianeta.

Il rettiliano, ovvero il bacino e il cuore

Nella mitologia ufologica il rettiliano è un essere proveniente da Alpha Draconis, costellazione del Drago.

Vengono descritti come entità prive di compassione e di rispetto verso gli altri esseri viventi, votati alla passione più che al sentimentalismo, spinti da impulsi vitali tendenti all'avidità, all'aspirazione al dominio e al possesso, pieni di ingordigia e inclini all'edonismo sfrenato.

Ma non è necessario esplorare Alpha Draconis o potenziali caratteristiche di suoi abitanti che si sarebbero, forse, incrociati con gli esseri del pianeta Terra! Il nostro mondo, infatti, è pieno di rettiliani e molto probabilmente questi sono la proiezione immaginifica di un nostro frammento di umanità! Essi non sono dunque extraterrestri travestiti da umani, ma la sintesi dell' eredità genetica prevalente negli ultimi sei millenni.

Il rettile a differenza dei mammiferi si caratterizza per prontezza di riflessi, velocità di esecuzione, spietatezza nel far prevalere il proprio impulso vitale o i propri desideri elementari.

Queste personalità hanno un cattivo rapporto con il sonno, fanno talvolta, o spesso, uso di droghe eccitanti e di alcool, coltivano l'ambizione, sono in una continua competizione con gli altri, ma anche suscettibili o cinici, non amano elaborare molto e si affidano all'istinto, non hanno censure morali pur di raggiungere i loro obiettivi, sono affamati di danaro, sesso e cibo, sconfinano talvolta, o spesso, nella megalomania, si circondano di vassalli come i re, o sono re, cercano possedimenti e potere, sono estroversi, comunicativi, leader, magnetici, ma sanno anche piangere o mantenere un contegno esteriore!

Sono mossi da forze ancestrali provenienti dal bacino che li spingono e li sostengono in una esistenza concepita come un campo di battaglia. Si servono però dei chakra del cuore per favorire i loro programmi con la forza della passione e sono amanti tanto coinvolgenti quanto spietati.

Ovviamente come in tutti i medesimi piani della realtà ci sono diversi livelli evolutivi.

E dunque si va dal dittatore crudele che non esita a usare violenza e morte contro i suoi oppositori, all'imprenditore di successo capace di superare qualsiasi censura morale pur di raggiungere i propri obbiettivi, al politico cinico, al professionista rampante, all'artista capace di catturare folle quasi ispirato da poteri oscuri, al fanatico religioso.

Tutte queste figure sono, infatti, unite da un unico comune denominatore: la sete di potere e di affermazione assoluta del proprio io.

Il rettiliano non ama la solitudine, ha necessità di stare a contatto con gruppi di persone su cui esercitare una leadership o il proprio dominio e attraverso cui riflettere il proprio narcisismo.

Sono rettiliane le grandi menti che pianificano urbanisticamente le città moderne, concepite come alveari, o che disegnano, perché poi vengano costruite, le torri più alte! Ci sono città interamente ideate su questo concetto e la parte nuova di Dubai ne è un esempio eclatante. Ma quelli che potrebbero apparire come i simboli del progresso e di una evoluzione in realtà sono la plastica testimonianza di un inevitabile declino. La costruzione di città moderne e i disastri ecologici che tendono a spazzare via le tracce della nostra storia sono proporzionali a una corsa sempre più sfrenata agli armamenti e a strumenti sempre più raffinati di distruzione di massa.

Un'umanità che convive ancora con le guerre e la bomba atomica non è certo un'umanità evoluta!

Ma ritornando alle caratteristiche di tali personalità, va detto che, una volta identificatesi in un determinato ambiente, soffrono di distacchi traumatici se sono costrette a separarsene. Non c'è niente di più doloroso per un rettiliano che dover abbandonare il proprio gruppo di appartenenza ed essere costretto in ambienti ove nessuno lo riconosce. È per questo che, pur amando viaggiare per piacere, questa razza non ama espatriare lontano dai propri luoghi d'origine. E se attraversano un momento buio, difficilmente li vedi arrendersi, ma continuano a combattere fino all'ultimo respiro, fino alla pazzia. È questa tipologia di umani che ha prodotto le leggende di guerrieri, conquistatori, eroi. L'eroismo è una maschera attraverso cui l'io può esaltare la vanità e l'orgoglio.

La noia, l'insoddisfazione, la frustrazione sono, invece, l'altra faccia della medaglia.

Nessun rettiliano, però, può organizzare la propria esistenza e conquistare i propri successi, o più semplicemente esaudire i propri desideri, senza l'aiuto di esseri pensanti che pianificano la vita con rigore e precisione, freddezza e distacco e che esaltino le qualità del raziocinio.

Come nessun imprenditore può fare a meno del suo bravo manager, così nessun rettiliano potrà fare a meno dei grigi. Ecco perché rettiliani e grigi devono necessariamente camminare a braccetto.

I grigi, ovvero la mente e il bacino

Gli ufologi, o studiosi di razze extraterrestri, descrivono i grigi come esseri provenienti dal sistema Zeta Reticuli.

Nella mitologia ufologica i rettiliani avrebbero creato gli alieni grigi come una razza di schiavi che, grazie alla loro tecnologia, si sarebbero ribellati contro i loro creatori così da riuscire a navigare nel cosmo per trovare una nuova casa.

Dotati di capacità telepatiche, sarebbero invece incapaci di provare emozioni. I loro scopi sarebbero perseguiti con assoluto senso pratico, privi di qualsiasi coinvolgimento sentimentale. Le loro labbra sarebbero sottili, il loro aspetto rigido, lo sguardo freddo e inespressivo.

Un difetto nella struttura dei loro corpi eterici rende l'umanità appetibile, e questo giustificherebbe numerosi rapimenti umani finalizzati alla creazione di ibridi capaci di assicurare la sopravvivenza alla loro specie.

I grigi sono esseri tristi, non sorridono mai, vivono nella preoccupazione e nell'angoscia, pianificano la loro vita solo per scopi di natura pratica.

Ma a prescindere dalle brillanti immaginazioni ufologiche non sfuggirà che il nostro pianeta è pieno di esseri appartenenti a questa razza.

Il mondo della grande finanza e delle banche è governato da loro, come pure l'organizzazione delle macchine burocratiche e di parte della politica.

In genere sono introversi, si vestono con sobrietà, ridono poco, spesso sono timidi, non sono grandi comunicatori, sono abili programmatori.

La loro gentilezza è apparente, la loro freddezza disarmante, la loro capacità di calcolo impressionante.

Pur privi di carisma, esercitano il potere in maniera occulta, amministrano consessi massonici, e sono rigorosi nel rispetto di tutti i protocolli previsti dalla convivenza civile, dall'andare puntualmente a messa, pur senza esserne coinvolti, così come nel prendere parte a tutte le cerimonie di rappresentanza.

Il loro modo di parlare è pacato, lento, scientifico, cinico.

I grigi occupano i principali posti di potere al servizio dei grandi potentati finanziari e le istituzioni fondamentali di un paese sono governate da loro.

Il loro sguardo tradisce una vita senza luce, una esistenza arida dove l'immaginazione perde di ogni significato.

La città di Ginevra è rappresentativa di un'aura grigia che attraversa i cuori dei suoi cittadini.

La convivenza con un grigio rischia di far perdere ogni entusiasmo per la vita.

Per i grigi il piacere è nel possedere il potere nascosto, nel manipolare in maniera organizzata l'inconscio collettivo, nel pianificare strategie di controllo delle masse, nel perfezionare modelli entro i quali identificarsi. Il loro problema non è certo quello di risvegliare le coscienze, anzi al contrario di addormentarle e dirigerle. Non c'è mai stato millennio in cui l'umanità sia regredita nel suo livello di coscienza collettiva in uno stato così omologato come questo. I grigi sono abili nell'alimentare le forze del bacino in maniera complessa e sottile, soprattutto quando si servono delle religioni naturali e delle loro chiese. Il grigio è il pianificatore dei dogmi con cui tenere imprigionate intere masse di uomini fanatici ed anche il governatore di quei consessi scientifici che in mala fede promulgano verità deviate. I grigi stanno riducendo le persone a macchine attraverso la sistematica manipolazione di quelle dinamiche con cui il sistema trasforma gli esseri umani in poco più che automi, tramite un ritmo continuo di comportamenti ripetitivi che ci ostiniamo a chiamare vita.

I nordici, ovvero il cuore e la mente.

I nordici, nella mitologia ufologica, sono una razza che proviene dalle misteriose Pleiadi, nella costellazione del Toro.

Si ritiene siano molto simili agli esseri umani, e assomiglianti ad alcune popolazioni nordiche tra le quali potrebbero ben dissimulare la loro presenza.

Non è un caso che reputiamo questa razza quella più vicina anche fisicamente alla razza umana. I nordici corrispondono esattamente a quello che vorremmo essere.

Alti, biondi, carnagione chiara, grande intelligenza e sensibilità, grande amore per l'universo e la vita, alto livello di spiritualità, senso di pace, generosità per il prossimo, senso dell'arte e della musica.

Esattamente quello che vorremmo essere!

Con questo non sto escludendo a priori la loro esistenza, ma non vi è dubbio che i nordici rappresentino l'indiscutibile proiezione dei nostri desideri frustrati.

D'altro canto molti esseri umani tendono a collocarsi nell'alveo di uno stato d'essere più vicino a una qualità della vita e a una visione culturale delle cose tese a emancipare il nudo animale verso consapevolezze più ampie, così come a trascendere le forze del bacino nei chakra del cuore e della mente.

Tra questi quindi possiamo annoverare, in una dimensione meno evoluta, l'artista che tenta di riprodurre con la magia del suono le vibrazioni dell'universo, l'intellettuale non privo di curiosità verso i mondi paralleli, il filantropo sempre attento ai bisogni della gente, l'idealista che crede di combattere per una giusta causa, il sognatore che si sente del tutto estraneo a una perversa organizzazione sociale.

Tutto il mondo degli hippy anni Sessanta e della New Age dopo, il vegetarismo e la medicina alternativa, l'astrologia e le arti occulte, sono spesso il territorio naturale in cui si muovono queste personalità che spesso interagiscono, o credono di interagire, con mondi invisibili da cui attingono ispirazioni.

Il pianeta controverso dei maestri, dei guru, degli yogi è governato da loro.

Tra i nordici si nascondono veri cercatori, spinti da un sincero bisogno di trovare l'essenza delle cose, ma che molto spesso restano intrappolati nelle mura di Efeso, il paese del limite.

La meditazione trascendentale, così diffusasi in Occidente, è un tipico esempio di come questi individui aspirino a elevarsi al di sopra di una dimensione ordinaria conflittuale.

Ma l'io è la contraddizione e il conflitto, e quindi, molto spesso, tranne rarissimi casi, questi tentativi sono destinati a misurarsi con l'illusione di progredire in mondi più evoluti.

Il nordico, nelle sue connotazioni più evolute, è il Giovanni Battista, il quale, a un certo punto del cammino in questa vita, scopre di essere in un deserto. Solo in quel momento, dopo lunghe, difficili e sofferte peregrinazioni, la personalità è pronta per incontrare Arturo.

Gli arturiani, l'unione.

Alcuni studiosi di ufologia ritengono che gli arturiani siano una razza extraterrestre tra le più evolute tra quelle conosciute, capace di vivere contemporaneamente in universi multifunzionali. Gli arturiani sarebbero dotati di poteri magici, e il loro altissimo livello di spiritualità li colloca tra gli abitanti di un universo parallelo la cui porta di ingresso sarebbe il pianeta blu che orbita intorno alla stella rossa Arturo nella costellazione di Bootes.

Anche il nostro pianeta ha conosciuto molti figli di Arturo. Non c'è dubbio che tutti i grandi messaggeri che hanno introdotto insegnamenti universali, traditi poi dalle religioni naturali, attingessero la loro saggezza da dimensioni di coscienza estranee all'io e a questo piano dimensionale.

Il regno di Arturo non è di questo mondo, e solo chi vorrà sacrificare il proprio io sull'altare della verità potrà aspirare a entrarvi.

L'arturiano agisce in maniera impersonale, e non si presenta mai né come un maestro né come un punto di riferimento spirituale.

Lui è a conoscenza della scienza segreta delle radiazioni intercosmiche e la sua personalità, purificata dai pesanti condizionamenti, diventa un'antenna ricettiva per mantenere vivo un campo di straordinaria energia quale unico affidabile strumento per alchimisti dell'anima.

E così molti sono stati chiamati da questo campo elettromagnetico proveniente da un universo parallelo, ma pochi sono gli eletti!

I puri insegnamenti degli arturiani si riconoscono perché non tendono mai a esaltare l'io o a proporre percorsi evolutivi.

La strada degli arturiani è un cammino di annientamento di tutto il potere condizionante di una dimensione vibratoria bloccata e portatrice di morte e dolore.

Gli arturiani sanno che questo mondo, anche nei suoi piani più evoluti, anche nelle sue ere più splendenti, è avvinto dal potere della morte.

I veri allievi degli insegnamenti arturiani, ancorché esseri pacifici e privi di qualsiasi spinta aggressiva, sono stati spesso perseguitati nella storia degli uomini e tante volte crocifissi.

I grandi massacri a opera della Chiesa cattolica nei confronti di popolazioni inermi, colpevoli solo di professare e confessare un insegnamento cristiano delle origini, sono solo uno degli esempi di questa storia drammatica dove perseguitati e persecutori, inventori di dogmi capaci di imprigionare le coscienze e cercatori della verità si susseguono di era in era.

La leggenda di Re Artù e dei dodici cavalieri della tavola rotonda, simbolicamente, rappresenta la magica epopea del messaggio di Arturo.

I dodici cavalieri rappresentano i dodici nervi cranici che si mettono a servizio di Re Artù, la coscienza risvegliata, e il campo di battaglia non è più la dimensione esteriore delle cose, bensì il cammino di autoconoscenza e di annientamento del potere condizionante del passato, cammino non privo di insidie, di conflitti, di dolore.

Solo la morte di Re Artù libererà i cavalieri della tavola rotonda, attraverso una epopea trasfigurista che li conduce nelle terre di Avalon, dopo che il potere del Graal si è riversato pienamente nei circuiti vitali di una personalità rinnovata.

La tavola rotonda è dunque il nostro cervello, i dodici cavalieri sono i dodici nervi cranici, Artù è l'io che governa il sistema vitale attraverso l'ipofisi. La sua morte è anche una rinascita. Le nuove dimensioni vibratorie di un altro universo danzano all'unisono e l'ipofisi trascende in un nuovo campo di coscienza, dove i tre chakra ritrovano l'unità perduta, e vedono nuovi cieli e nuove terre.

Ritroviamo in tutti i grandi insegnamenti la stessa simbolica rappresentazione del cammino verso dimensioni che al profano appaiono misteriche. Il vangelo, ormai lettera morta, rappresenta lo stesso identico percorso.

Gesù nasce nella grotta di Betlemme, il cuore, sede di un principio vitale, unico vestigio rimasto dell'uomo originario.

Il suo cammino è fino a Gerusalemme, la testa, dove ammaestrerà i dodici discepoli, i dodici nervi cranici, per condurli in una dimensione di coscienza superiore attraverso la crocifissione dell'ipofisi. Qui l'unione del lobo anteriore e posteriore stimolano la pineale il cui risveglio attiva quei circuiti elettromagnetici che elevano tutto il sistema vitale in una diversa e ritrovata capacità sensoriale.

Anche i dodici segni zodiacali rappresentano in chiave simbolica il cammino dell'io, dall'*io sono* dell'Ariete, all'*io muoio a me stesso* dei Pesci. Sono dodici i mesi dell'anno e dodici le lancette dell'orologio: un caso?

Purtroppo, però, questi insegnamenti sono stati deturpati, corrotti, mistificati da quei poteri che si sono trasferiti nei millenni il compito di regnare sull'umanità decaduta.

La mistica dominante e il condizionamento delle rassicuranti chiese naturali, la tendenza dell'umanità a cercare guide esteriori e paradisi di facile consumo spingono spesso il più avvinto dei cercatori a cedere alla tentazione di organizzazioni gerarchiche che finiscono per essere loro stesse il limite per un cammino che viene intrappolato nelle perverse leggi dell'io.

Ma gli arturiani non cedono.

In un modo o nell'altro tengono attivo il ponte che congiunge la nostra vita alla nostra casa d'origine.

In questo gli arturiani esercitano la compassione, ovvero quello spirito di servizio che dipinge l'esistenza di straordinari e luccicanti colori.

Il pozzo scoperto

Nei percorsi argomentativi, così come finora trattati, abbiamo cercato un punto di contatto tra i grandi insegnamenti filosofici e misterici. Ma nello sfondo c'è il tentativo di una visione delle cose libera dagli stereotipi e dalle immagini iscritte nella nostra mappatura genetica e nel potere millenario del condizionamento.

Abbiamo lasciato il campo aperto ad una osservazione dei grandi misteri che avvolgono l'umanità coniugandoli con il nostro potere cognitivo.

Abbiamo scoperto che la possibile esistenza di mondi eterici è alla base di grandi mistificazioni religiose, e che ciò che appartiene al mondo invisibile non è meno reale di ciò che coinvolge la materia densa.

Abbiamo ripercorso le tappe dell'evoluzione del genere umano, nella consapevolezza che i tre centri vitali che caratterizzano la personalità sono disuniti, producendo di fatto guerre, distruzioni, dolore.

Abbiamo fatto cenno a una visione alternativa delle razze umane fino a scoprire quelle che oggi dominano la scena mondiale.

Abbiamo infine ipotizzato che messaggeri che provengono da un universo parallelo lascino il campo aperto a un circuito vibrazionale e a correnti elettromagnetiche capaci di scuotere le personalità più sensibili e lasciare aperta la porta di una diversa dimensione dell'esistere.

Ritengo interessante approfondire tale punto, anche per meglio comprendere quanto sta succedendo in questo momento sul nostro pianeta.

Immaginiamo di aprire un pozzo chiuso e ben coperto da anni e di farlo durante il giorno, magari in una bella giornata di sole.

Il filtrare della luce produrrà come effetto una sorta di impazzimento di migliaia di insetti e larve che vivevano nell'oscurità.

Se questi predatori della superficie dell'acqua avessero una coscienza autonoma, potrebbero pensare che una luce divina è entrata nel loro sistema vitale.

Questa luce produrrà due conseguenze diverse. Per alcuni ci sarà la morte e la distruzione, per altri, che potranno sopportarla, la rinascita a una nuova vita fatta di luce e non più di oscurità. Quali sono i parametri che determinano il discrimine, non ci è dato saperlo.

La luce del sole è semplicemente la luce del sole, ma per la povera larva è un evento sconcertante o salvifico, in ogni caso incomprensibile, perché invisibile per il suo stato di coscienza. Essa ne sente gli effetti ma non ne concepisce la causa.

Ebbene, se una luce di una forza elettromagnetica diversa da quella che conosciamo penetra nel nostro sistema planetario, noi non potremmo vederla, perché ci mancano gli strumenti sensoriali per farlo, ma ne sentiremmo gli effetti, esattamente come succede ai girini nel pozzo scoperto.

Da più parti si ipotizza uno scenario cosmico che seguendo le leggi del tempo propone determinati appuntamenti dopo diversi millenni.

Orbene, così come nel microcosmo Terra la luce del sole brilla di più al suo zenit, non si può escludere che altrettanto si compia in un giro di orologio cosmico, e che tale appuntamento finisca per determinare un flusso di raggi elettromagnetici di maggiore intensità, tali da inondare di intensa energia tutto il sistema solare. Negli insegnamenti esoterici si fa spesso riferimento al susseguirsi delle diverse ere astrologiche e ai diversi campi di energia che influenzano anche l'umanità terrestre. La nostra civiltà nasce sulle rive dell'Egitto circa 6000 anni fa. In realtà recenti studi geologici e archeologici stanno facendo emergere la probabile esistenza di civiltà più antiche, fino a circa 12.000 anni fa. Lo studio fatto da Robert Bauval sulla Sfinge è straordinariamente significativo in tal senso e ha rivoluzionato le grigie mappe su cui era stata scritta troppo frettolosamente, o volutamente, la nostra storia più recente.

Il pianeta, dunque, starebbe attraversando, con l'avvento dell'Era dell'Acquario, uno spazio cosmico dove la luce è più intensa, tale da scoprire il pozzo che ci teneva nell'ombra.

Nella scienza moderna le risposte alle cause sono individuate attraverso un ragionamento logico che individua negli effetti le risposte.

Il giro di boa del nostro sistema solare, nonché del pianeta Terra, riproduce qualcosa che è già successo precedentemente e che succederà ancora. Gli abitanti del sistema solare sono infatti esposti in maniera più intensa a raggi intercosmici provenienti da una fonte sconosciuta.

Questi raggi stanno di fatto provocando nell'umanità un generale disorientamento, aumentano conflitti e guerre, l'egoismo travalica i limiti di una naturale sopportazione, l'io collettivo sembra viaggiare verso il nulla, assistendo impotente alla demolizione di tutte le maschere che aveva indossato nel corso dei secoli.

Succede esattamente quello che è successo ai girini esposti ai raggi del sole dopo aver scoperchiato il pozzo.

La fonte non può che provenire da campi vibrazionali di un'altra dimensione cosmica, in quel ponte che resta aperto grazie al senso di compassione di entità libere che vivono al di fuori delle nostre leggi.

Ecco perché in tutti i testi antichi spesso si fa riferimento all'illusione del tempo, al concetto di eterno, e al risveglio.

Questa luce, questa energia invisibile, questi raggi vengono o per una resurrezione o per una definitiva caduta!

Per questo si dice: «*il mio regno non è di questo mondo... io non vengo per portare la pace... chi vorrà perdere la sua vita la guadagnerà*».

In tutto questo confluire di leggi cosmiche c'è un equilibrio perfetto che non considera ovviamente il nostro pensiero, ma scorre con assoluta perfezione nella manifestazione del creato.

Dio, dunque, secondo questa visione, non esiste, essendo una proiezione primitiva e decadente di falsi maestri.

Esiste invece l'Amore che niente ha a che fare con il sentimentalismo e la passione con cui gioca gran parte dell'umanità, ma che è inteso come questa grande sorgente di luce che è stata e sarà, e che riporta la personalità che ne resta avvinta nel tabernacolo degli Dei.

Quando infatti sentiamo una struggente nostalgia di qualcosa che non conosciamo, è la Vita che cerca il suo fluire, il giardino degli Dei è il suo destino.

L'atomo: i diversi campi di coscienza.

Sulla materia che è alla base della creazione si discute da millenni. Tralasciando le varie teorie su cui, da Democrito ed Epicuro, si fondavano le varie ipotesi sugli elementi che costituivano la nostra sostanza, appare chiaro che l'unilateralismo interpretativo ha ceduto il passo a concetti condivisi da tutto il mondo scientifico. Il fisico Rutherford, all'inizio del XIX secolo, propose un modello di atomo che individuava nel nucleo il suo centro, e negli elettroni le particelle che ruotavano attorno, proprio come un sole intorno a cui orbitano i pianeti. Questa teoria, confermata anche da diversi esperimenti, veniva solo in parte rivisitata successivamente, ma mai confutata.

Se è vero, dunque, che come è in alto, così è in basso, possiamo ritenere che un atomo possieda tutti gli elementi su cui si fonda la nostra esistenza così come da noi conosciuta.

L'atomo è un microcosmo dotato di un elemento centrale, il nucleo, intorno al quale ruotano varie particelle attratte e sostenute dalla sua luce.

Nella didattica scolastica si è sempre sostenuto che gli elementi che costituiscono l'atomo sono tre: il nucleo, gli elettroni e i protoni.

Un tempo i testi scolastici proponevano l'idea dell'atomo come un unicum indivisibile, ma recenti studi hanno confutato questo principio, tant'è che la schizofrenia della brutale scienza moderna è orientata verso esperimenti che hanno lo scopo di isolare le diverse subparticelle di cui sono composti gli elementi centrali, alla ricerca della particella di Dio!

Un altro aspetto interessante è costituito dalla presenza nell'atomo di uno spazio oscuro, definito spazio vuoto, esattamente come appare nella configurazione visibile della nostra materia.

Con la cosiddetta teoria dei quanti la scienza inizia a penetrare nello spazio inesplorato delle frequenze vibratorie.

Con le ricerche di Max Planck prima ed Einstein dopo, si pone l'accento sulla natura corpuscolare della luce, e si ipotizza che l'energia cinetica degli elettroni non dipenda, come sostenuto dalle teorie classiche, dall'intensità della radiazione emessa da una fonte di luce – effetto fotoelettrico –, ma sia invece da riferire alla sua frequenza. Questo è possibile comprenderlo solo se si tiene in considerazione il corpo nero dell'atomo, cioè il suo spazio vuoto.

Gli esperimenti, infatti, hanno dimostrato che l'intensità della radiazione emessa va oltre i picchi normalmente conosciuti, fino a elevarsi su frequenze sempre più alte, che non è più possibile monitorare.

Senza volerci addentrare in complessi percorsi accademici che non competono allo scrivente, da questi studi divenuti poi sempre più raffinati emergono due dati: "la materia è energia" e "non c'è spazio vuoto"!

Non solo, ma gli antichi concetti della fisica classica sullo spazio e sul tempo vengono messi in discussione ed enucleati in una nuova consapevolezza che propone come "relativo" il nostro campo di osservazione, nel senso che la nostra osservazione dei fenomeni fisici, considerati gli strumenti sensoriali di cui disponiamo, è incompleta e parziale.

Ebbene, questo tipo di semplificazione che potrebbe far saltare dalla sedia i detentori del potere scientifico e delle conoscenze ufficiali ci spiega in maniera chiara la manipolazione a cui le masse sono soggette.

Infatti, concetti che sono di una semplicità estrema, e di cui si trova traccia già nei testi degli antichi Sumeri, sono al centro di sofisticate indagini scientifiche e di dibattiti vissuti solo all'interno di determinati consessi. Ma se chiedi a un ragazzo della scuola superiore di dartene conto, le difficoltà saranno enormi.

Il metodo è sempre lo stesso, viziare cioè con il formalismo terminologico, e deviare con l'interpretazione di maghi della tv pagati all'occorrenza, concetti che, se portati su una dimensione culturale olistica, dovrebbero minare alla base tutta la conoscenza su cui si fonda l'intero impianto dei programmi scolastici, dove le menti vengono formate a una visione sempre più omologata e unilaterale.

Eppure gli studi sull'atomo, se trascesi dalla pura dimensione scientifica, e portati su un livello di interpretazione della realtà più ampio, ci confermano l'antico insegnamento di Ermete Trismegisto: come è in basso, così è in alto, come è dentro così è fuori, niente si crea e niente si distrugge!

I nostri spazi sono dunque dotati di diversi campi di frequenza, lo spazio che a noi appare vuoto è al contrario animato da diverse fonti di vita e di energia, lo spazio nero e oscuro dell'atomo altro non è che quello che noi definiamo al di là, inteso come al di là di quello che vediamo e conosciamo.

Le diverse vibrazioni danno origine a differenti campi di energia fonte di numerosi stati di evoluzione e di coscienza. Non esistono spazi interdimensionali all'interno del nostro universo, ma forme di vita che vibrano su quanti di energia aventi frequenze a scala. Porsi su un'altra frequenza, ad esempio, consentirebbe a esseri provenienti da altre zone dello spazio conosciuto di allargare o restringere i confini spazio-temporali, e raggiungere attraverso onde a spirale il nostro pianeta. Esattamente come avviene nel microcosmo dell'atomo!

L'universo in cui abitiamo si regge su un'unica legge, è un grande atomo dove si incrociano diverse forme di vita su scale vibratorie più evolute o involute, e di cui noi abitanti della Terra abbiamo solo una visione estremamente limitata non essendo l'uomo dotato di strumenti sensoriali capaci di interagire con tutti i diversi piani di esistenza.

Ma l'atomo è divisibile, e quindi privo di quell'agognata unità ove gli opposti e dunque il conflitto tra i diversi elementi si stendono verso i territori della pace.

Il nostro universo è dunque limitato, è il paese di Efeso.

Ci deve essere dunque qualcos'altro che va oltre gli spazi visibili e invisibili della nostra dimensione cosmica, e se così è, questo qualcosa deve necessariamente essere composto di una materia costituita da diverse particelle, estranee all'atomo così come da noi conosciuto e analizzato.

Ecco perché la ricerca della particella di Dio all'interno della struttura atomica di questa materia è solo un gioco perverso di menti deviate.

La pietra angolare.

In principio era il Verbo, e il Verbo era presso Dio e il Verbo era Dio... in lui era la vita e la vita era la luce degli uomini.
(Dal vangelo di Giovanni)

In principio, dunque, era l'atomo originario, e questo costituiva l'essenza del creato. In Lui c'era la vita, e questa vita era la luce dell'umanità originaria.

Se esiste dunque un universo parallelo, sede di una vita unitaria, fatta di luce e di creatività e in cui gli opposti si uniscono, non può che essere costituito da una sostanza diversa, e da un principio che, a differenza dell'atomo di questa natura, si muove sostenuto da una forza centripeta.

È l'atomo originario, il principio divino, la fine del bene e del male, l'Eden.

Tutti gli antichi insegnamenti, mistificati poi dalle religioni e dai loro simboli, coincidono straordinariamente su questo punto.

In noi è presente un "principio divino", un atomo scintilla originario, quale ponte per entrare in contatto con l'universo parallelo.

Su questa conoscenza si basano tutte le scuole misteriche e la scienza della vera alchimia.

Deve essere possibile, attraverso un cammino di risveglio di questa fonte di energia, rinnovare la struttura atomica del nostro essere e ritrovarsi spontaneamente in una dimensione di coscienza dove i chakra si uniscono e la materia vibra di un'altra sostanza.

Questo inesplorabile principio originario non ha evidentemente nulla a che vedere con le varie correnti animistiche presenti nelle diverse Chiese.

L'unico Tempio, dunque, come mirabilmente descritto nelle nozze alchemiche di Cristiano Rosacroce, è il nostro corpo.

Il risveglio coincide con la consapevolezza di una limitata percezione dei fenomeni, e la nostra esistenza, smascherata di tutte le illusioni, diviene un deserto da attraversare fino alla Terra promessa.

La nostra mente è lontana dalla verità semplicemente perché confusa e distratta da troppe informazioni. Ecco perché gli antichi insegnamenti potrebbero non offrire più la chiave per aprire il portale del mistero. Il Gautama Buddha ci ricorda che «*meglio del possesso del mondo intero, meglio del paradiso, meglio del dominio su tutti i mondi... è compiere il primo passo sulla via del risveglio».*

Ma quel risveglio è una parola addomesticata da troppi interpreti di turno nella storia, ed è diventata lettera morta, esattamente come le Sacre Scritture.

Rifletti dunque, e bada di non dover un giorno pentirti di aver lasciato che questa dottrina si diffondesse in modo non degno. Il miglior modo di custodirla sarà di non scriverla, ma di apprenderla e metterla noi stessi in pratica!

Platone aveva visto giusto. Peccato che il suo concetto di amore platonico, inteso appunto come l'intermediario o il campo di forza aperto tra le diverse dimensioni cosmiche, è diventato metafora di un banale sentimentalismo!

Questo simbolismo era il modo per esprimere straordinarie verità in un momento storico dell'evoluzione umana in cui determinati messaggi potevano essere compresi solo attraverso il chakra del cuore.

Ma quelle mappe sono ora mappe ingiallite e condizionate da millenni di interpretazioni fuorvianti.

Questo cammino, al di là delle epoche storiche, per una logica elementare, deve essere stato e sarà possibile solo grazie alle radiazioni elettromagnetiche provenienti da un altro universo, capaci di un tale risveglio, perché affini al principio atomico originario.

La pietra angolare è in noi, è un atomo di un'altra natura, il santo Graal, su cui i veri costruttori possono lavorare attraverso l'unico strumento che possiamo avere a disposizione, quella fonte di luce fotonica che attraversa compassionevole le nostre vite, indifferente alle umane vanità, lontana dal bene e dal male, così come da noi concepito. Al cinema le immagini proiettate sono separate dallo spettatore, ma se vediamo un film in 3D finiamo per trovarci al centro della scena attraverso l'uso di uno strumento sensoriale.

Esattamente questo vale per i diversi campi di percezione. Tutto quello che ci circonda lo percepiamo come qualcosa di separato da noi.

Ma un diverso livello di percezione ci offrirebbe un'altra rappresentazione del reale, laddove ci sentiremmo parte di ogni fenomeno, con la cessazione di ogni separazione. Questo stato di "estasi" non è conseguenza di un esaltante cammino mistico, ma della riapertura di un portale cerebrale. Questo potrà accadere solo tramite quei compassionevoli raggi d'amore coltivati nell'immenso.

Se è vero dunque che in questa particolare ora cosmica il pianeta si sta incrociando con una fonte di luce più intensa, è anche vero che aumentano le possibilità di alimentare spontaneamente questa grande possibilità che è in noi.

Nelle antiche mappe questa possibilità è descritta come un duro cammino di sacrificio, come un calvario.

Si tratta di suggestioni che trovano fondamento in millenni di condizionamento iconoclastico.

Niente di più falso!

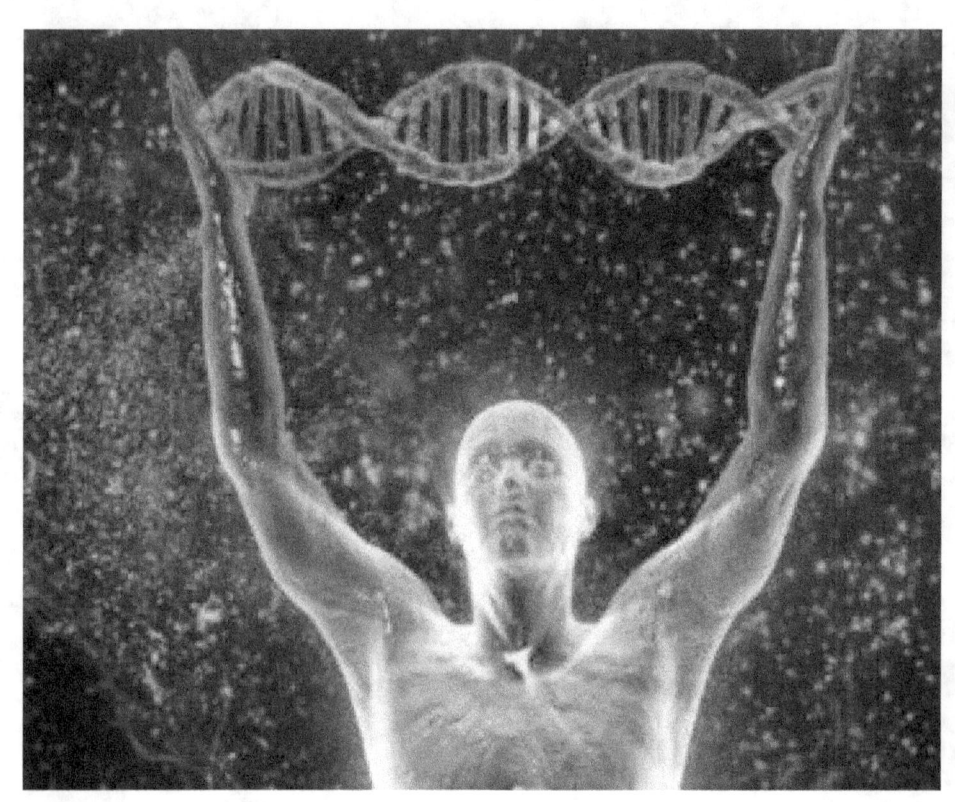

Prigionieri di un incantesimo.

In ogni personalità è possibile rinvenire l'impronta digitale del proprio passato. Quel passato è il condizionamento. Noi siamo figli della nostra mappatura genetica, dell'ambiente in cui viviamo, della cultura che acquisiamo. Il condizionamento ha dunque radici interne millenarie, ma anche radici esterne dipendenti da fattori etnici, razziali, geografici. Per meglio comprendere le radici del condizionamento è necessario esplorare le leggi della causalità.

Il principio della fisica per cui a ogni azione corrisponde una reazione uguale e contraria nasce da un dato empirico incontrovertibile. Se lancio una pietra in uno stagno, la forza del movimento dell'acqua sarà sempre proporzionale all'impulso qualitativo e quantitativo del mezzo di contrasto.

Da questo principio ne discende l'altra teoria predominante per cui nessun effetto potrà essere precedente una causa, ma dovrà esserne necessariamente conseguente.

Il principio di causalità stabilisce che non è possibile considerare causa ed effetto in un ordine temporale invertito, in nessun sistema di riferimento, non potendosi sovvertire le dinamiche simultanee degli eventi.

Non si può dunque trascendere da questi concetti, purché siano strettamente legati a quelli di tempo e di spazio come da noi conosciuti. Quando dunque parliamo di condizionamento facciamo riferimento a un impulso che nasce dal passato e che produce un determinato effetto nel presente. Il presente, paradossalmente, è dunque la diretta conseguenza del nostro passato. Su questa legge antica si fondano scienze come l'astrologia. Lo studio degli astri altro non è che la lettura aurica degli impulsi elettromagnetici provenienti dal nostro passato.

Ma se il passato è il nostro condizionamento, il presente non esiste finché non si libera dal peso del passato!

Questo cammino è descritto in tutte le epoche come l'unico vero cammino di liberazione. Se ci liberiamo dalle catene del passato, l'uomo non vede più le ombre della realtà, ma vede la realtà!

Questo incontro è raccontato nelle mitologie iniziatiche in diversi modi, dal mito della caverna di Platone in poi, ma il senso comune è la rappresentazione di uno stato di coscienza che supera le barriere del conosciuto per esplorare l'infinito universo dell'eterno presente.

Questo percorso di decondizionamento, a differenza di quello che spesso viene promulgato, non è altro che morire alle proprie abitudini, ai propri pensieri.

Quando una personalità si distacca dai propri percorsi ordinari sacrificando il mentale allo spirito di verità, succede qualcosa di straordinario. Il sistema neuronico si orienta in un'altra direzione, proprio come le foglie che si dirigono verso la luce. Fino a poco tempo fa si riteneva che i neuroni, una volta distrutti, non si riproducessero.

Oggi la neurogenesi ha rivalutato questo concetto e sulla scorta di precisi esperimenti è pronta a riconoscere la possibilità di un rinnovamento delle cellule cerebrali e dunque di tutto l'apparato nervoso connesso. Le abitudini sono interconnesse con l'apparato nervoso che, sulla scorta di impulsi scritti nelle nostre masse genetiche, tendono ad alzare barriere difensive e a resistere ad ogni cambiamento.

Nel mentre la reazione si giustifica sul piano fisico per un fisiologico bisogno di autotutela, la questione cambia quando si tratta di reazioni psicologiche. Queste poggiano la loro dinamica sulla memoria di ciò che è stato, e pertanto le sfide sono sempre nuove, ma le reazioni sono sempre le stesse! Si pensi all'enorme dramma della guerra di cui l'essere umano non riesce a liberarsi. Di fronte a un conflitto interpersonale in genere reagiamo con aggressività verbale o fisica. Ovviamente questo stato di coscienza primitivo si sposta anche sui grandi processi politici e sociali. La bomba atomica è l'estrema sintesi della nostra impotenza. Quanto più grandi e potenti sono gli ordigni nucleari, tanto più piccoli e insignificanti diventano i componenti della razza umana.

Se non abbiamo il coraggio di prendere atto che purtroppo la nostra dimensione vitale e il nostro livello di coscienza sono di poco più evoluti di quelli di altre forme di animali terrestri, e continuiamo ancora a confondere il progresso tecnologico con la visione intelligente dei fenomeni, finiamo per trascurare quel potenziale enorme che pure sappiamo esserci nei segreti del nostro corpo e che potrebbe consentirci di squarciare il velo del condizionamento.

I neuroni ricevono impulso da circuiti elettromagnetici in cui si registrano le esperienze. Se abituiamo i neuroni a cercare il vero nelle cose, questi registreranno l'impulso. Da quel momento il sacro demone del cammino di verità si impossesserà di noi, Arturo nasce dal segreto del cuore, l'uomo nuovo è pronto per il cammino.

L'incantesimo si spezza e la personalità diviene così un'antenna ricevente di impulsi cosmici permanenti.

Provare per credere!

Quanti più sono i cercatori che si mettono sul cammino di Arturo, tanto più le altre razze terrestri ne subiranno conseguenze indirette. Le potenti vibrazioni prodotte da uomini sul cammino del decondizionamento finiscono per produrre esplosioni benefiche sui piani sottili ed eterici del pianeta. Il pozzo viene aperto, la luce entra! Gli organismi fino a quel momento al buio finiscono per agitarsi perennemente, o per una nuova vita, o per una distruzione. Ecco perché in questo momento storico aumentano malattie, le inquietudini assumono proporzioni spesso catastrofiche, fino a gesti estremi, la vita sociale sembra percorrere il filo sottile di imminenti catastrofi belliche, e il pianeta reagisce con disastri naturali. È sotto gli occhi di tutti. Solo l'ignoranza presuntuosa può negare una tale evidenza!

I governatori di un mondo in agonia

Il 24 febbraio del 1897, alla vigilia della presentazione di un giornale redatto da liberi pensatori, ci fu un incontro a Grenoble, in Francia, che vide riuniti tutti i gran maestri della massoneria europea. In quell'epoca la massoneria deteneva il potere occulto della vita politica e culturale dei Paesi più avanzati e influenzava masse di cittadini inconsapevoli. La massoneria era anche custode di antichi insegnamenti esoterici riservati ai pochi eletti che presumevano di apprezzarne l'essenza.

Quel giorno si celebrò un intenso confronto destinato a cambiare il destino umano dei secoli a venire. Da una parte c'era chi riteneva che le masse dovessero essere istruite, educate e aiutate a evolvere in un percorso di consapevolezza, d'altra parte un gruppo di maggioranza riteneva che le masse dovessero essere guidate e manipolate, in quanto estranee a un qualsiasi tentativo di risveglio in una dimensione dell'esistere più cosciente. Alla fine, dopo tre giorni di intense discussioni e altrettante pause, si trovò una mediazione.

All'uomo della massa andava offerta la possibilità di evolvere, e dunque i criteri di selezione delle classi dirigenti e di cosiddetti spiriti liberi sarebbero stati più flessibili. I circoli massonici, fino ad allora organizzati sul piano orizzontale, si sarebbero sviluppati sul piano verticale, attraverso un processo di aggregazione che dal basso avrebbe consentito un controllo più capillare di tutti gli apparati di potere.

D'altro canto i sistemi di influenzamento sarebbero stati più incisivi e determinati, attraverso l'uso sistematico di mezzi, anche i più sofisticati, tesi a omologare la coscienza dei popoli, per preservare e collocare l'insegnamento nell'ambito di una ristretta cerchia di uomini capaci di tramandarlo di generazione in generazione.

Tale assunto, concepito nei presuntuosi circoli elitari, e ideato come un assioma filosofico, ha finito per attraversare gli oceani del tempo, di secolo in secolo, fino ad approdare, alla fine degli anni Settanta, nella massificazione della massoneria, con l'istituzione di circoli e movimenti tra loro alternativi e concorrenti, ma diretti da una raffinatissima regia che aveva l'obiettivo di distruggere i vecchi consessi massonici, dando però l'illusione all'uomo della massa che si introduceva in quei cenacoli di contare, e trasferendo di fatto la regia del potere occulto altrove.

Oggi la massoneria è solo un mito relegato ai banchi di studiosi della storia, o di pochi illusi che la frequentano per tristissime quanto modeste ambizioni sociali.

Esseri grigi e rettiliani governano questi sotterranei dell'esistenza umana senza alcuno scrupolo, mossi da una grande angoscia, costretti in anfratti bui e desolanti, in un mondo di oscurità che non conosce più frontiere.

Zombi deambulanti soggiacciono a queste nefaste influenze, e masse informi di esseri umani camminano in un vissuto senza più scopo, senza una meta definita.

È così che il mondo si è smascherato, ora che è privo di arte, scienza, e cultura. È così che il grande disegno di una omologazione dei prodotti culturali sta trovando la sua apoteosi in questo inizio del terzo millennio. È dagli effetti che si scoprono le cause: il ragionamento ancora una volta è logico, non viziato da enfasi paraesoteriche.

Ma c'è un potere che trascende qualsiasi potere umano, e niente ha a che fare con gli abbaglianti misticismi primitivi a cui ancora cede l'umanità: è il potere delle energie sottili.

Ogni nostro pensiero smuove un'energia che è proporzionale alla qualità delle vibrazioni emanate, proprio come il sasso nello stagno! Più personalità si orientano in un percorso di consapevolezza, e sfuggono alla prigione eterica artatamente costruita da secoli, più si squarcia il velo della menzogna. Basterà un gruppo di uomini per cambiare il destino del pianeta, o, forse, per compierlo! Questa è scienza, non fantascienza!

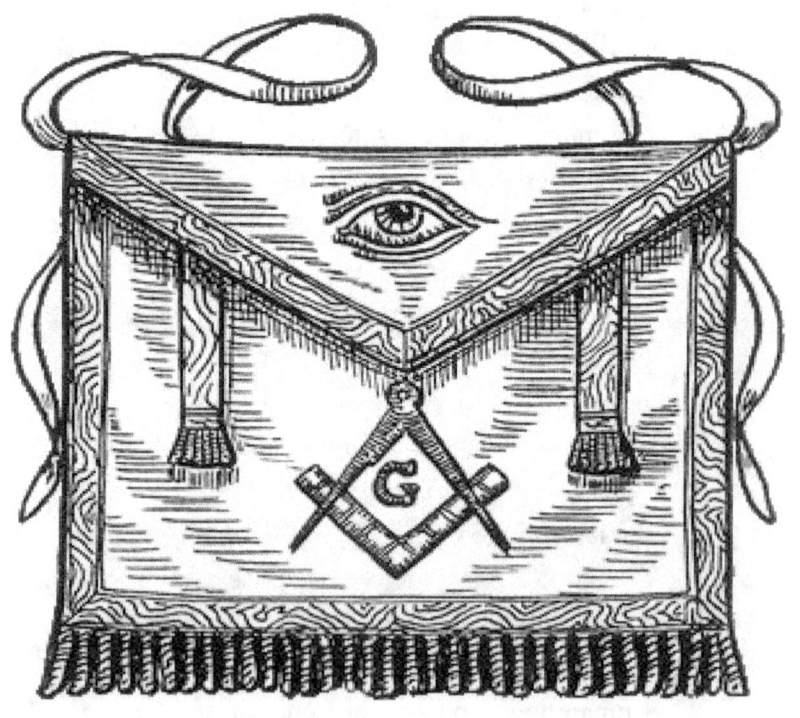

A Caccia di Caino.

Dopo la caduta degli Dei, la prima umanità originale si è divisa in due stirpi, quella di Caino e quella di Abele.

Abele rappresenta l'uomo della massa che venera il proprio bene e sacrifica in una delle Chiese il suo etere per alimentare il Dio di questo mondo, Lucifero.

L'uomo della massa segue il suo istinto, è impegnato incessantemente nella conservazione del suo ego, avvolto nelle sue credenze, rassicurato dai suoi possessi materiali e immateriali, confortato dai suoi dogmi, in un conflitto eterno tra un falso bene e un falso male, pronto a venerare o i potenti di questo mondo o le entità che governano i piani oscuri di questo pianeta.

Caino è al contrario la personalità inquieta che percepisce l'ingiustizia e il limite di questa Natura, che è frastornato dai conflitti, alla ricerca costante della Verità più profonda, cercatore solitario che non trova mai un letto confortevole in cui adagiarsi o uno spazio di questa esistenza in cui sentirsi finalmente a proprio agio. Mai sazio del sacro desiderio di apprendere, a un certo punto scopre che non è la conoscenza intesa come cognizione dei fenomeni a dare la risposta ultima. Dopo terribili esperienze e altrettanti dolori, ancora condizionato dalla dittatura di Abele, si mette in cammino alla ricerca di un luogo ove poter respirare pace, ove ogni conflitto possa giungere a una fine. Il percorso appare dapprima complicato e il luogo irraggiungibile. C'è ancora qualcosa che resta inesorabilmente da fare: uccidere il condizionamento di Abele.

Quello sarà l'atto più rivoluzionario, ma anche un grande gesto d'amore teso a sradicare le radici più nascoste dell'io.

Nasce così il cercatore maledetto dalla storia! Lungo il viaggio viene tentato dall'arte e dalla filosofia, incontrerà demoni e streghe, giganti e luoghi deserti. Spesso avvolto dal dolore griderà la sua sconfitta. E il suo grido si perderà nell'oceano dei tempi, alla ricerca del suo Paese natale, della sua Itaca perduta, dei suoi affetti soggiogati alla prepotenza di demoni arroganti.

Caino è il portatore di quel sacro veleno dell'inquietudine che è unica condizione per disvelare il vero senso della vita.

Molti uomini sono su quel cammino di ritorno, e molti lo hanno già percorso. Ma nessuno di loro è veramente al sicuro.

Ancora oggi il mondo è a caccia di Caino.

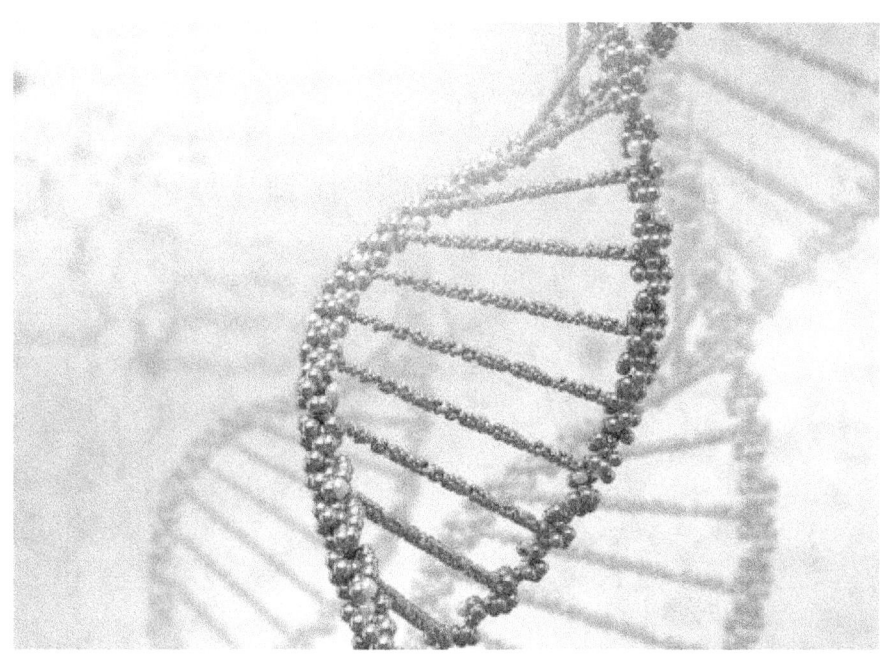

*E'stato possibile scrivere questo libro grazie agli insegnamenti di J. Krishnamurti e del Lectorium Rosicrucianum.

*Le uniche fonti sono quelle citate nel testo.

*Pierre D'Essany è lo pseudonimo dello scrittore italiano Elio D'Aquino.

www.ingramcontent.com/pod-product-compliance
Lightning Source LLC
Chambersburg PA
CBHW060425290526
45791CB00002B/876